Spell It Out For Kids

Copyright: Published in the United States by R.ROSE

This book belongs to

....

....

....

g i p

pig

Spell It Out

COW

Spell It Out

rabbit

k
c
i h
n e c

chicken

Spell It Out

sheep

r
o
e
s
h

horse

Spell It Out

duck

o
k
e
d
y
n

donkey

Spell It Out

goose

Spell It Out

rooster

Spell It Out
l
b
u
l

bull

Spell It Out

turkey